РОССИЙСКАЯ ГОСУДАРСТВЕННАЯ СИСТЕМА ТЕСТИРОВАНИЯ
ГРАЖДАН ЗАРУБЕЖНЫХ СТРАН ПО РУССКОМУ ЯЗЫКУ

ТИПОВЫЕ ТЕСТЫ ПО РУССКОМУ ЯЗЫКУ КАК ИНОСТРАННОМУ

ПРОФЕССИОНАЛЬНЫЙ МОДУЛЬ

Естественнонаучный и технический профили

I СЕРТИФИКАЦИОННЫЙ УРОВЕНЬ

Санкт-Петербург
«Златоуст»
2019

УДК 811.161.1

Авторы:
И.И. Баранова, И.А. Гладких, В.В. Стародуб

Типовые тесты по русскому языку как иностранному. Профессиональный модуль. Естественнонаучный и технический профили. I сертификационный уровень. — СПб. : Златоуст, 2019. — 72 с.

Гл. редактор: А.В. Голубева
Редактор: О.С. Капполь
Корректор: Е.В. Артемьева
Оформление: Е.С. Дроздецкий
Оригинал-макет: Л.О. Пащук

Проект типового теста разработан в Санкт-Петербургском политехническом университете Петра Великого для проверки уровня коммуникативной компетенции иностранных учащихся в учебно-профессиональной сфере общения.
QR-коды со ссылками на аудиозапись размещены в тексте издания.

ISBN 978-5-86547-997-0

Подготовка оригинал-макета — издательство «Златоуст».
Подписано в печать 24.04.19. Формат 60х90/8. Печ. л. 9. Печать офсетная. Тираж 1000 экз.
Заказ № 07714.

Санитарно-эпидемиологическое заключение на продукцию издательства Государственной СЭС РФ № 78.01.07.953.П.011312.06.10 от 30.06.2010 г.

197101, Санкт-Петербург, Каменноостровский пр., д. 24, оф. 24.
Тел.: (+7-812) 346-06-68, 703-11-78, e-mail: sales@zlat.spb.ru,
http://www.zlat.spb.ru

Сайт издательства

Отпечатано в типографии ООО «Лесник-Принт».
192007, Санкт-Петербург, Лиговский пр., д. 201, лит. А, пом. 3Н.
Тел.: (+7-812) 380-93-18.

ОГЛАВЛЕНИЕ

Субтест 1
ЛЕКСИКА. ГРАММАТИКА

Инструкция к выполнению теста

Время выполнения теста: 60 минут.

При выполнении теста пользоваться словарём нельзя.

Тест состоит из 4 частей и включает 100 позиций, инструкции к их выполнению и матрицу.

Вы получили тест и матрицу. Напишите ваше имя, фамилию, название страны и дату выполнения теста.

Выберите правильный ответ и отметьте соответствующую букву на матрице.

Например:

А	(Б)	В	Г

(Б — правильный ответ).

Если вы ошиблись и хотите исправить ошибку, сделайте так:

А	(Б)	~~(В)~~	Г

(В — ошибка, Б — правильный ответ).

Отмечайте правильный ответ только в матрице, в тесте ничего не пишите (проверяется только матрица).

ЧАСТЬ 1

Задание 1. **Выберите правильный ответ.**

1	Понятие множества ... основное понятие математики.	А) представляет собой Б) является В) есть Г) называется
2	Радиусом окружности ... расстояние от центра окружности до любой точки окружности.	А) называется Б) представляет собой В) есть Г) измеряется
3	Любое изменение в природе ... физическим явлением.	А) является Б) представляет собой В) есть Г) определяется

4	Ускорение … по формуле.	А) измеряют Б) вычисляют В) обозначают Г) определяют
5	Информация … в байтах.	А) обозначается Б) вычисляется В) измеряется Г) определяется
6	Массу тела … в килограммах.	А) определяют Б) находят В) вычисляют Г) измеряют
7	Плоскость … два измерения.	А) имеет Б) характеризуется В) обладает Г) отличается
8	Величина предмета … его размерами.	А) обладает Б) определяется В) обозначается Г) имеет
9	Температура плавления … давлением.	А) влияет на Б) связана с В) зависит от Г) действует на
10	Электропроводность металлов … температуры.	А) зависит от Б) влияет на В) действует на Г) связана с
11	Высота подъёма тела … ускорение свободного падения.	А) зависит от Б) связана с В) приводит к Г) влияет на
12	Молекула воды … атомов кислорода и водорода.	А) содержит Б) содержится В) составляет Г) состоит из
13	Все вещества … на простые и сложные.	А) бывают Б) делятся В) различают Г) включают

ЧАСТЬ 2

***Задание 2.* Выберите правильный ответ.**

14	Металлы обладают … .	А) различная твёрдость Б) различной твёрдости В) различной твёрдостью Г) различную твёрдость
15	Алюминий имеет … .	А) хорошей теплопроводностью Б) хорошую теплопроводность В) хорошая теплопроводность Г) хорошей теплопроводности
16	Алмаз характеризуется … .	А) высокой прочностью Б) высокой прочности В) высокая прочность Г) высокую прочность
17	Пересекающиеся прямые имеют только … .	А) одна общая точка Б) одну общую точку В) одной общей точке Г) одной общей точки
18	Вода не имеет … .	А) цвета Б) цветом В) цвет Г) цвету
19	Вода кипит при …100 °С.	А) температуру Б) температура В) температурой Г) температуре
20	При … температуры растворимость газов уменьшается.	А) уменьшении Б) уменьшения В) уменьшением Г) уменьшение
21	С … температуры тела его внутренняя энергия возрастает.	А) увеличением Б) увеличения В) увеличению Г) увеличение
22	Под действием … скорость тела уменьшается.	А) трение Б) трением В) трения Г) трению

23	Агрегатное состояние вещества зависит … .	А) с условиями Б) от условий В) при условиях Г) в условиях
24	Сила тока обратно пропорциональна … .	А) сопротивлению Б) сопротивления В) сопротивлением Г) сопротивление
25	Разность чисел *a* и *b* равна … .	А) нуль Б) нулю В) нулём Г) нуля
26	В химических соединениях валентность водорода всегда равна … .	А) единица Б) единицы В) единице Г) единицей
27	… измеряют динамометром.	А) Сила Б) Силу В) Силе Г) Силой
28	… измеряется термометром.	А) Температура Б) Температуру В) Температуре Г) Температурой
29	Атмосферное давление измеряется … .	А) барометр Б) барометра В) барометру Г) барометром
30	Температура плавления связана … .	А) от давления Б) на давление В) под давлением Г) с давлением
31	Масса тела влияет … .	А) от ускорения Б) на ускорение В) с ускорением Г) при ускорении
32	Сила действует … .	А) с телом Б) телу В) на тело Г) тела

33	Атмосфера является составной частью … .	А) окружающая среда Б) окружающую среду В) окружающей среде Г) окружающей среды
34	Молекулы состоят … .	А) из атомов Б) в атомах В) к атомам Г) от атомов
35	Кислород входит в состав … .	А) живые организмы Б) живым организмам В) живых организмов Г) живыми организмами
36	Сила измеряется … .	А) ньютонами Б) ньютонов В) в ньютонах Г) ньютоны
37	В физике любой предмет называется … .	А) физическое тело Б) физического тела В) физическому телу Г) физическим телом
38	… называется мера инертности тела.	А) Масса Б) Массой В) Массе Г) Массы
39	Единица информации называется … .	А) байт Б) байта В) байтом Г) байту
40	Траектория есть линия движения … .	А) материальной точки Б) материальная точка В) материальную точку Г) материальной точке
41	Масса является … инертности тела.	А) мера Б) мерой В) меру Г) меры
42	Число 35 является … .	А) составное число Б) составного числа В) составному числу Г) составным числом

43	Числа 8 и 10 являются … .	А) чётные числа Б) чётных чисел В) чётными числами Г) чётным числам
44	Ромб есть … .	А) геометрическую фигуру Б) геометрическая фигура В) геометрической фигуры Г) геометрической фигуре
45	Вода представляет собой … .	А) бесцветной жидкости Б) бесцветную жидкость В) бесцветной жидкостью Г) бесцветная жидкость
46	Изменение формы или объёма тела под действием силы называется … .	А) деформация Б) деформацию В) деформацией Г) деформации
47	По форме траектории движение делится на … .	А) прямолинейное и криволинейное Б) прямолинейного и криволинейного В) прямолинейным и криволинейным Г) прямолинейному и криволинейному
48	Все вещества делятся на твёрдые, жидкие и газообразные по … .	А) агрегатного состояния Б) агрегатному состоянию В) агрегатное состояние Г) агрегатным состоянием
49	Все вещества делятся на простые и сложные по … .	А) составом Б) состав В) состава Г) составу
50	Простые вещества делятся на металлы и неметаллы по … .	А) свойства Б) свойствам В) свойствами Г) свойствах
51	В промышленности азот получают … .	А) жидким воздухом Б) с жидким воздухом В) для жидкого воздуха Г) из жидкого воздуха

52	Металлы ... из руды.	А) получает Б) получают В) получать Г) получается
53	Сумму трёх и более векторов ... по правилу многоугольника.	А) находят Б) находит В) находятся Г) находить
54	Алюминиевые сплавы применяют	А) ракетную технику Б) ракетной технике В) ракетной техникой Г) в ракетной технике
55	Правило треугольника используют ... векторов.	А) для сложения Б) в сложении В) со сложением Г) сложение
56	... широко применяется в медицине.	А) Сера Б) Серу В) Серой Г) Серы
57	Закон Ома используется	А) электротехника Б) в электротехнике В) электротехникой Г) электротехнику
58	... трения останавливает автомобиль при торможении.	А) Сила Б) Силу В) Силой Г) Силе
59	Сплавы широко используют	А) машиностроение Б) в машиностроении В) машиностроения Г) машиностроением
60	Нефть применяется для производства	А) бензином Б) бензин В) бензина Г) бензину
61	... применяются при счёте предметов.	А) Натуральные числа Б) Натуральным числам В) Натуральных чисел Г) Натуральными числами

62	Фосфор используется ... фосфорной кислоты.	А) с получением Б) в получении В) для получения Г) на получение
63	Сопротивление проводника зависит	А) с его температурой Б) от его температуры В) к его температуре Г) при его температуре
64	Спирт — это жидкость	А) характерный запах Б) с характерным запахом В) характерного запаха Г) для характерного запаха
65	Множество *Z* состоит из	А) целые числа Б) целых чисел В) целым числам Г) целыми числами

ЧАСТЬ 3

***Задание 3.* Выберите правильный ответ.**

66	Тело ... вертикально вверх.	А) брошенное Б) брошено
67	Линия, ... из отрезков, называется ломаной.	А) составленная Б) составлена
68	Если четырёхугольник ... в окружность, то сумма противоположных углов равна 180°.	А) вписанный Б) вписан
69	Динамит ... А. Нобелем.	А) изобретённый Б) изобретён
70	Лучи, ... Рентгеном, учёные назвали рентгеновскими лучами.	А) открытые Б) открыты
71	Периодическая система химических элементов ... Д. Менделеевым.	А) созданная Б) создана
72	Сила трения всегда ... в сторону, противоположную перемещению тела.	А) направленная Б) направлена
73	Вещества, ... атомами одного элемента, называют простыми веществами.	А) образованные Б) образованы

74	Груз ... на нити.	А) подвешенный Б) подвешен
75	Персональный компьютер ... для обслуживания одного рабочего места.	А) предназначенный Б) предназначен

Задание 4. **Найдите соответствие между придаточным определительным и причастием.**

76	Медиана — это отрезок, **который соединяет** вершину треугольника и середину противоположной стороны.	А) соединяющий Б) соединяющего В) соединяющим Г) соединяющем
77	Атом является сложной частицей, **которая содержит** элементарные частицы.	А) содержащие Б) содержащей В) содержащую Г) содержащая
78	В мире, **который окружает** нас, происходит бесконечное множество процессов.	А) окружающий Б) окружающим В) окружающем Г) окружающему
79	Молекула — это наименьшая частица вещества, **которая сохраняет** химические свойства данного вещества.	А) сохраняющей Б) сохраняющую В) сохраняющие Г) сохраняющая
80	Пустое множество — это множество, **которое не имеет** элементов.	А) не имеющее Б) не имеющим В) не имеющему Г) не имеющего
81	Нейтрон является элементарной частицей, **которая входит** в состав ядра атома.	А) входящая Б) входящую В) входящей Г) входящий
82	Чугун — это сплав, **который состоит** из железа и серы.	А) состоящий Б) состоящего В) состоящим Г) состоящем
83	Механика — это часть физики, **которая изучает** механическое движение.	А) изучающая Б) изучающей В) изучающую Г) изучающие

84	Предложение, **которое не требует** доказательств, называется аксиомой.	А) не требующего Б) не требующее В) не требующим Г) не требующему
85	Сила — физическая величина, **которая вызывает** ускорение или деформацию тела.	А) вызывающую Б) вызывающая В) вызывающей Г) вызывающие
86	На базе суперкомпьютеров, **которые работают** непрерывно, создают вычислительные центры.	А) работающих Б) работающим В) работающими Г) работающие
87	Во всех процессах, **которые происходят** в природе, энергия не возникает и не исчезает.	А) происходящим Б) происходящих В) происходящие Г) происходящими
88	Потенциальной энергией обладают тела, **которые взаимодействуют** друг с другом.	А) взаимодействующих Б) взаимодействующим В) взаимодействующими Г) взаимодействующие
89	Тела, **которые движутся**, обладают кинетической энергией.	А) движущимся Б) движущихся В) движущиеся Г) движущимися
90	Алюминий — это металл, **который обладает** высокой активностью.	А) обладающего Б) обладающему В) обладающий Г) обладающим
91	Диэлектриками называют материалы, **которые не проводят** электричество.	А) не проводящих Б) не проводящими В) не проводящим Г) не проводящие

ЧАСТЬ 4

***Задание 5.* Выберите правильный ответ.**

Внутренняя энергия тела — это энергия движения и взаимодействия ... **(92)**, из которых состоит тело. Внутренняя энергия ... **(93)** не является ... **(94)**. У одного и того же тела внутренняя энергия может ... **(95)**. При ... **(96)** температуры внутренняя энергия ... **(97)**, так как увеличивается средняя скорость ... (**98**) молекул. В данном случае увеличивается и средняя кинетическая энергия ... **(99)** этого тела. С ... **(100)** температуры, наоборот, внутренняя энергия тела уменьшается.

92. А) частицам
Б) частиц
В) частицах

93. А) тела
Б) телу
В) телом

94. А) постоянная величина
Б) постоянной величиной
В) постоянную величину

95. А) изменяться
Б) изменяется
В) изменяются

96. А) повышения
Б) повышение
В) повышении

97. А) увеличиваются
Б) увеличиваться
В) увеличивается

98. А) тепловому движению
Б) тепловое движение
В) теплового движения

99. А) молекул
Б) молекулам
В) молекулами

100. А) понижение
Б) понижением
В) понижению

Субтест 2
ЧТЕНИЕ

Инструкция к выполнению теста

Время выполнения теста: 55 минут.

При выполнении теста можно пользоваться словарём.

Вы получили тест. Он состоит из 3 частей, 20 тестовых заданий и матрицы.

На матрице напишите ваше имя, фамилию, название страны и дату выполнения теста.

Выберите правильный ответ и отметьте соответствующую букву на матрице.

Например:

А	(Б)	В	Г

(Б — правильный ответ).

Если вы ошиблись и хотите исправить ошибку, сделайте так:

А	(Б)	(В) зачёркнуто	Г

(В — ошибка, Б — правильный ответ).

Отмечайте правильный ответ только в матрице, в тесте ничего не пишите (проверяется только матрица).

ЧАСТЬ I

***Задания 1–10.* Прочитайте фрагмент из учебника. Выполните задания после него. Выберите вариант, который соответствует содержанию текста.**

НАСЫЩЕННЫЙ ПАР

Процесс перехода вещества из жидкого состояния в газообразное называется парообразованием. Парообразование, происходящее при любой температуре с поверхности жидкости, называется испарением. Почему происходит испарение? Испарение происходит, потому что при хаотическом движении некоторые молекулы жидкости в открытом сосуде получают такую большую кинетическую энергию, что преодолевают притяжение других молекул и покидают поверхность жидкости. Совокупность молекул, вылетевших из жидкости при парообразовании (испарении), называется паром данной жидкости.

Известно, что параллельно с испарением жидкости идёт обратный процесс — конденсация пара, который образуется в результате испарения. Это происходит потому, что молекулы пара в процессе своего движения могут приблизиться к поверхности жидкости и под действием сил притяжения молекул жидкости могут опять вернуться в жидкость.

Если испарение происходит в открытом сосуде, то в жидкость возвращается лишь небольшая часть молекул пара, а основная их часть рассеивается в воздухе. В данном случае скорость испарения жидкости больше скорости конденсации её пара, поэтому количество жидкости в открытом сосуде постоянно уменьшается. Через некоторое время жидкость полностью превратится в пар.

Если же процесс испарения идёт в закрытом сосуде, то количество жидкости уменьшается только до определённого предела. Затем её количество остаётся неизменным. Почему это происходит?

В закрытом сосуде количество молекул пара быстро возрастает, так как пар не может выйти из сосуда, поэтому давление пара увеличивается. С увеличением давления пара скорость испарения жидкости уменьшается, а скорость конденсации пара, напротив, увеличивается. При определённом (для данной температуры) давлении наступает момент, когда скорость конденсации становится равной скорости испарения, то есть в среднем за единицу времени в жидкость возвращается столько же молекул, сколько молекул вылетает из жидкости. С этого момента между паром и жидкостью устанавливается динамическое равновесие.

Пар, находящийся в динамическом равновесии со своей жидкостью, называется насыщенным паром. Насыщенный пар содержит наибольшее количество молекул, которые могут находиться над поверхностью данной жидкости при данной температуре.

Насыщенный пар имеет следующие свойства:

1. Давление насыщенного пара зависит от природы жидкости. При одной и той же температуре давление насыщенного пара разных жидкостей различно. Например, давление насыщенного пара воды при 45 °С равно 10 000 Па, а давление насыщенного пара ртути — всего 1,3 Па.

2. Давление насыщенного пара зависит от его температуры. Чем выше температура, тем больше давление насыщенного пара. Как это можно объяснить?

С повышением температуры тепловое движение молекул увеличивается. Чем выше температура, тем больше скорость теплового движения молекул пара. Следовательно, удары молекул о стенки сосуда становятся сильнее и происходят чаще. Таким образом, с повышением температуры давление насыщенного пара увеличивается.

С повышением температуры всё большее число молекул жидкости имеет скорость и энергию, достаточные для вылета из жидкости. При этом скорость испарения увеличивается, и в динамическом равновесии участвует всё большее число молекул. Следовательно, с повышением температуры увеличивается плотность насыщенного пара, а значит, увеличивается и число ударов молекул о стенки сосуда, и, таким образом, увеличивается давление насыщенного пара. Давление насыщенного пара возрастает значительно быстрее, чем давление газа.

3. При постоянной температуре давление насыщенного пара не зависит от объёма, занимаемого паром. Так, если уменьшить объём, занимаемый паром, то плотность этого пара возрастает, динамическое равновесие нарушается и число молекул, которые переходят в жидкость, становится больше, чем число молекул, которые вылетают из жидкости (покидают жидкость). Таким образом, происходит конденсация части пара. Конденсация будет происходить до тех пор, пока плотность пара будет равна плотности насыщенного пара. При этом давление станет равным давлению насыщенного пара при данной температуре. Аналогично при увеличении объёма снова начинается процесс испарения, который будет продолжаться до момента, когда давление пара станет максимальным для данной температуры.

1. Процесс перехода вещества из жидкого состояния в газообразное при любой температуре называется … .

(А) конденсацией
(Б) испарением
(В) кипением

2. Испарение с поверхности жидкости … .

(А) происходит при любой температуре
(Б) происходит при определённой температуре
(В) не происходит

3. При испарении молекулы покидают поверхность жидкости, потому что … .

(А) получают потенциальную энергию
(Б) получают достаточно большую кинетическую энергию
(В) приобретают большую мощность

4. Процесс перехода вещества из газообразного состояния в жидкое называется … .

(А) испарением
(Б) кипением
(В) конденсацией

5. В открытом сосуде скорость испарения жидкости … скорости конденсации её пара.

(А) выше
(Б) ниже
(В) равна

6. При испарении в открытом сосуде большая часть молекул пара … .

(А) возвращается в сосуд
(Б) рассеивается в воздухе
(В) не вылетает из сосуда

7. В насыщенном паре число молекул, покидающих поверхность жидкости, … , возвращающихся в жидкость.

(А) больше числа молекул
(Б) меньше числа молекул
(В) равно числу молекул

8. При постоянной температуре давление насыщенного пара зависит от … .

(А) скорости ветра
(Б) занимаемого объёма
(В) природы жидкости

9. Давление насыщенного пара … .

(А) изменяется прямо пропорционально температуре
(Б) изменяется обратно пропорционально температуре
(В) не изменяется

10. При увеличении температуры давление насыщенного пара … .

(А) увеличивается
(Б) уменьшается
(В) не изменяется

ЧАСТЬ 2

***Задания 11–15.* Прочитайте фрагменты из учебника по физике. Выберите название, соответствующее содержанию каждого текста. Отмечайте в матрице соответствующую букву (А, Б, В, Г, Д).**

(А) Применение металлов
(Б) Получение металлов
(В) Метод классификации
(Г) Физические свойства металлов
(Д) Проводники и изоляторы

11. Наука делит все материальные объекты, явления и вещества на классы, виды, типы, группы, т.е. классифицирует их. Классификация — это метод, который помогает учёным изучать природу. Учёные классифицируют материальные объекты, явления, вещества по разным признакам: свойствам, составу, форме, назначению, строению и т.д. Например, по способности проводить электрический ток тела делятся на проводники и изоляторы.

12. Все металлы хорошо проводят электрический ток. Свойство веществ проводить электрический ток называется электропроводностью. Вещества, которые обладают электропроводностью, называются проводниками. Вещества, которые не проводят электрический ток, называются изоляторами (диэлектриками). Например, графит — это проводник, а алмаз — это изолятор. Изоляторы не обладают электропроводностью.

13. В настоящее время известно 110 химических элементов. Более 30 элементов — это металлы. Все металлы характеризуются металлическим блеском, пластичностью, высокой электропроводностью и теплопроводностью. Все металлы, кроме ртути, являются твёрдыми веществами. Металлы имеют различную температуру плавления.

14. В природе металлы существуют в основном в виде соединений, минералов. Для получения металлов в промышленности используют руды. Область науки и техники, которая связана с получением металлов из природных соединений, называется металлургией. В современной металлургии получают более 75 металлов и многочисленные сплавы на их основе.

15. Физические, химические, механические и технические свойства металлов определяют область их применения. Металлы и их сплавы широко используются в промышленности. Первое место по производству и применению занимают железо и его сплавы, а также алюминий и его сплавы.

ЧАСТЬ 3

***Задания 16–20.* Прочитайте фрагменты из учебника по физике. Расположите названия пунктов плана в соответствии с содержанием текста.**

ТЕПЛОВЫЕ ЯВЛЕНИЯ

16. В окружающем мире происходят различные физические явления, которые связаны с нагреванием и охлаждением тел, т.е. с изменением температуры. Температура — это физическая величина, которая характеризует среднюю кинетическую энергию частиц тела.

17. В метрической системе мер для измерения температуры используют шкалу Цельсия. Единица температуры по шкале Цельсия — один градус Цельсия (1 °С).

18. Явления, связанные с нагреванием и охлаждением тел, называются тепловыми явлениями. К тепловым явлениям относятся, например, нагревание и охлаждение воздуха, плавление металлов и т.д.

19. Молекулы или атомы, из которых состоят тела, находятся в непрерывном беспорядочном движении. Каждая молекула имеет сложную траекторию движения. Беспорядочное движение частиц, из которых состоят тела, называют тепловым движением. В тепловом движении участвуют все молекулы тела. С изменением теплового движения изменяется состояние тела и его свойства. Так, при увеличении температуры твёрдые тела могут превращаться в жидкости. При понижении температуры жидкости отвердевают.

20. Температура тела находится в тесной связи со средней кинетической энергией молекул. Чем выше температура тела, тем больше средняя кинетическая энергия его молекул. При понижении температуры тела средняя кинетическая энергия молекул уменьшается.

Отмечайте последовательность пунктов плана в матрице соответствующей буквой (А, Б, В, Г, Д).

(А) Понятие о тепловом движении.

(Б) Единицы измерения температуры.

(В) Связь средней кинетической энергии молекул тела с температурой тела.

(Г) Температура как физическая величина.

(Д) Понятие о тепловых явлениях.

Субтест 3
АУДИРОВАНИЕ

Инструкция к выполнению теста

Время выполнения теста: 35 мин.

При выполнении теста пользоваться словарём нельзя.

Тест состоит из 3 аудиотекстов, 15 заданий, инструкций к ним и матрицы.

На матрице напишите вашу фамилию, имя, название страны и дату выполнения теста.

Вы прослушаете 3 аудиотекста.

Каждый аудиотекст звучит 2 раза.

После первого прослушивания текста выберите правильный ответ и отметьте соответствующую букву на матрице. Для этого у вас будет 30 секунд. При втором прослушивании проверьте правильность вашего выбора.

Выберите правильный ответ и отметьте соответствующую букву в матрице.

Например:

А	(Б)	В	Г

(Б — правильный ответ).

Если вы ошиблись и хотите исправить ошибку, сделайте так:

А	(Б)	(В) зачёркнуто	Г

(В — ошибка, Б — правильный ответ).

Отмечайте правильный ответ только в матрице, в тесте ничего не пишите (проверяется только матрица).

***Задания 1–3.* Прослушайте фрагмент лекции и выполните задания к нему. Время выполнения заданий — до 10 минут.**

(Звучат текст и задания к нему.)

***Задание 1.* Выберите название, которое наиболее точно соответствует содержанию текста.**

А) Физические и химические свойства веществ

Б) Физические и химические явления

В) Физические явления в природе

Задание 2. **Найдите определение, которое даётся в аудиотексте.**

А) Физическими явлениями называются явления, при которых новые вещества не образуются.

Б) Химические явления — это явления, при которых происходит превращение одних веществ в другие.

В) Любое изменение, которое происходит в природе, называется явлением или процессом.

Задание 3. **Исключите утверждение, не соответствующее содержанию текста.**

А) При определённых условиях происходит превращение одних веществ в другие.

Б) При физических явлениях происходит изменение формы или объёма тела.

В) Движение Земли вокруг Солнца — это пример физического явления.

Слушайте текст ещё раз. Проверьте правильность вашего выбора.

Задания 4–9. **Прослушайте фрагмент учебной лекции и выполните задания к нему. Время выполнения заданий — до 10 минут.**

(Звучат текст и задания к нему.)

4. Кинематика ... .

(А) изучает причины движения тела

(Б) изучает тела, которые находятся в покое

(В) объясняет, как движется тело

5. Причины движения тела изучает ... .

(А) кинематика

(Б) динамика

(В) статика

6. При прямолинейном движении траектория движения тела — ... .

(А) кривая линия

(Б) прямая линия

(В) окружность

7. При равномерном движении скорость тела ... .
(А) увеличивается
(Б) уменьшается
(В) не изменяется

8. При неравномерном движении скорость тела ... .
(А) только увеличивается
(Б) увеличивается или уменьшается
(В) не изменяется

9. Законы движения открыты ... .
(А) Ньютоном
(Б) Дарвином
(В) Эйнштейном

Слушайте текст ещё раз. Проверьте правильность вашего выбора.

***Задания 10–15.* Прослушайте фрагмент учебной лекции. Выполните задания. Время выполнения заданий — до 15 минут.**

(Звучит фрагмент учебной лекции и задания к нему.)

10. Тема лекции — ... .
(А) электропроводность металлов
(Б) физические свойства металлов
(В) агрегатное состояние вещества

11. ... хорошо проводит электрический ток.
(А) Свинец
(Б) Ртуть
(В) Серебро

12. При повышении температуры электропроводность металлов ... .
(А) увеличивается
(Б) уменьшается
(В) не изменяется

13. Диэлектрики — это вещества, которые ... электрический ток.
(А) хорошо проводят
(Б) плохо проводят
(В) не проводят

14. При нормальных условиях ртуть является ... веществом.

(А) твёрдым

(Б) жидким

(В) газообразным

15. При деформации металлы изменяют ... .

(А) форму

(Б) структуру

(В) форму и структуру

Прослушайте фрагмент учебной лекции ещё раз. Проверьте правильность вашего выбора.

Субтест 4
ПИСЬМО

Инструкция к выполнению теста

Время выполнения теста: 60 минут.
При выполнении теста можно пользоваться словарём.
Тест состоит из 4 заданий.

Задание 1. **Прочитайте текст и письменно ответьте на вопросы. Помните, что вы должны давать полные ответы на вопросы.**

ОТКРЫТИЕ ЗАКОНА РАСТВОРИМОСТИ ГАЗОВ

Известно, что все вещества в природе по своему агрегатному состоянию делятся на твёрдые вещества, жидкости и газы. Твёрдые вещества, жидкие вещества и газообразные вещества обладают специфическими, характерными только для них свойствами.

Твёрдые вещества, жидкости и газы обладают и некоторыми общими свойствами, например растворимостью. Растворимость — это способность вещества растворяться в другом веществе (растворителе). Растворимость вещества зависит от природы растворителя. Хорошими растворителями являются вода и спирт. По способности растворяться в воде вещества делятся на хорошо растворимые, малорастворимые, практически нерастворимые.

В конце XVIII века учёные начали активно изучать газы и их свойства. Так, английский учёный Вильям Генри исследовал аммиак, хлористый водород и другие газы. Для опытов ему нужны были газы в чистом виде. Получив газ, Генри собирал его в специальные стеклянные цилиндры. Иногда во время опытов он не успевал использовать газ из всех цилиндров и оставлял его для следующих экспериментов, а чтобы газ не улетучивался, Генри помещал отверстие цилиндра с газом в сосуд с водой. В то время считали, что газы не растворяются в жидкостях и поэтому их можно хранить таким образом.

Однако вскоре Генри заметил, что через некоторое время вода из сосуда поднималась в цилиндр и занимала место части газа. Значит, количество газа в цилиндре уменьшалось. Но куда исчезал газ? Рассуждая об этом, Генри предположил, что газ растворяется в воде. Чтобы проверить справедливость

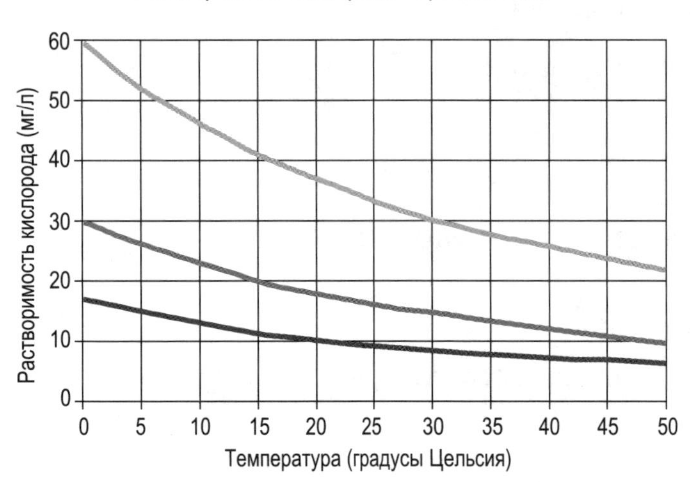

своего предположения, он провёл специальные опыты. Эти опыты доказали, что газы могут растворяться в жидкостях.

Чтобы определить, от каких факторов зависит растворимость газов, Генри изменял условия, при которых проходил процесс растворения, а именно температуру и давление. В результате он установил зависимость между растворимостью газов и температурой. С повышением температуры растворимость газов уменьшается. Опыты Генри показали также, что растворимость газов в значительной степени зависит от давления. Генри установил, что растворимость данной массы газа увеличивается прямо пропорционально давлению.

На основе своих многочисленных опытов Генри сформулировал закон, который известен под названием закона Генри: количество растворённого газа при постоянной температуре прямо пропорционально его давлению на раствор:

$$C = k \cdot p,$$

где C — молярная концентрация газа в растворе;

k — коэффициент (константа) Генри;

p — парциальное давление газа над раствором.

Позднее учёными было установлено, что газы подчиняются закону Генри, только когда они не вступают в химическую реакцию с жидкостью-растворителем и при невысоких давлениях. Отклонения от закона Генри наблюдаются, если газы вступают в реакцию с жидкостью, в которой они растворяются, а также при высоких давлениях.

Вопросы к тексту.

1. Каким общим свойством обладают твёрдые вещества, жидкости и газы?
2. Что называется растворимостью?
3. Когда учёные начали изучать свойства газов?
4. Почему Вильям Генри предположил, что газы могут растворяться?
5. Что доказал В. Генри в результате опытов?
6. От каких факторов зависит растворимость газов?
7. Как формулируется закон Генри?
8. При каких условиях газы не подчиняются закону Генри?

Задание 2. **Прочитайте текст. Составьте и напишите назывной план текста. План текста должен содержать не менее 6 пунктов.**

КАЛЬЦИЙ

Ca 20
40,08
Кальций

Кальций находится в главной подгруппе второй группы периодической системы химических элементов Д.И. Менделеева.

Кальций относится к числу самых распространённых элементов второй группы. По содержанию в земной коре он занимает пятое место. В земной коре содержится приблизительно 3 % кальция. В природе кальций встречается только в виде соединений: кальцита, доломита, гипса и др. Соединения кальция содержатся в растительных и животных организмах.

В промышленности кальций получают путём электролиза расплавленной смеси солей хлорида кальция и фторида кальция.

$$CaCl_2 \rightarrow Ca + Cl_2\uparrow$$

По своим физическим свойствам кальций представляет собой относительно твёрдый металл серебристо-белого цвета. Он относится к лёгким металлам. Его плотность $\rho = 1{,}55$ г/см^3. Кальций плавится при температуре 851 °С.

При химических реакциях кальций является восстановителем.

$$Ca + 2H^+ = Ca^{2+} + H_2\uparrow$$

При обычных условиях кальций легко окисляется кислородом воздуха. В результате этой реакции образуется оксид кальция.

$$2Ca + O_2 \xrightarrow{t^\circ} 2CaO$$

Кальций — химически активный металл, поэтому он легко реагирует с неметаллами. С галогенами кальций взаимодействует при обычных условиях. При нагревании кальций реагирует также с азотом, серой, фосфором, углеродом, водородом.

$$Ca + S \xrightarrow{t^\circ} CaS$$

$$3Ca + N_2 \xrightarrow{t^\circ} Ca_3N_2$$

В результате взаимодействия кальция с другими элементами или сложными веществами образуются такие соединения кальция, как оксиды, гидроксиды и соли.

$$3Ca + Cr_2O_3 = 3CaO + 2Cr \ (700\text{–}800\ ^\circ C)$$

$$Ca + 2H_2O = Ca(OH)_2 + H_2\uparrow + 413 \text{ кДж}$$

$$CaO + 2HCl = CaCl_2 + H_2O$$

Кальций и его соединения широко применяются в промышленности. Оксиды и соли кальция используют в производстве строительных материалов. Кальциты используют для получения стали, стекла. Мел используют для производства резины. Некоторые кальциты используются для изготовления оптических приборов. Соединения кальция применяют в медицине и сельском хозяйстве.

***Задание 3.* Напишите данные определения, используйте сокращённую запись слов.**

1. Механическим движением называется изменение положения одного тела относительно другого тела.

2. Внутренними силами называются силы, которые действуют между телами этой системы.

3. Величина, которая сохраняет постоянное значение, называется постоянной.

4. Число, которое не делится на два, называется нечётным.

5. Сканер является устройством для считывания графической и текстовой информации в компьютер.

***Задание 4.* Восстановите фрагмент лекции по конспекту.**

Физ. вел-на — это хар-ка физ. явл-ия, кот. можно измерить или вычислить по ф-ле. Люб. физ. вел-ну можно измер. или вычисл. по ф-ле. Все физ. вел-ны имеют свои ед-цы измерения. Напр., массу измер. в кг, ускорение — в м/с^2, площадь — в м^2, объём — в м^3.

Субтест 5
ГОВОРЕНИЕ

Инструкция к выполнению теста

Время выполнения теста: 60 минут.

Тест состоит из 4-х заданий.

При выполнении заданий 1–3 можно пользоваться словарём. Задание 4 выполняется без подготовки, пользоваться словарём нельзя. Ваши ответы записываются на аудионоситель.

ЗАДАНИЕ 1

Инструкция к выполнению задания 1

Время выполнения задания — до 20 минут (подготовка — 10 минут, ответ — до 10 минут).

При подготовке задания можно пользоваться словарём.

Вам нужно прочитать текст и ответить на вопросы экзаменатора по содержанию текста. Помните, что вы должны давать полные ответы на вопросы.

Задание 1. **Прочитайте текст. Ответьте на вопросы по содержанию текста.**

АГРЕГАТНЫЕ СОСТОЯНИЯ ВЕЩЕСТВА

В зависимости от условий одно и то же вещество может находиться в разных агрегатных состояниях: в твёрдом, жидком или газообразном состоянии.

Твёрдые тела имеют определённую форму и объём. Чтобы изменить форму твёрдого тела, нужно приложить силу. Жидкости имеют определённый объём, но не имеют определённой формы. Жидкость принимает форму сосуда, в котором она находится. Газы не имеют определённой формы и определённого объёма. Газ занимает весь объём сосуда, в котором он находится.

Одно и то же вещество в различных состояниях имеет разные физические свойства. Физические свойства веществ зависят от расположения молекул, их взаимодействия и характера движения. В твёрдых телах молекулы расположены в определённом порядке и колеблются относительно точки равновесия. В жидкостях молекулы движутся хаотически, и притяжение между молекулами слабее, чем в твёрдых телах. В газах молекулы расположены и движутся хаотически, и притяжение между молекулами очень слабое.

При изменении условий агрегатное состояние вещества может изменяться. Агрегатное состояние вещества определяется температурой и давлением. При высоких температурах твёрдые и жидкие вещества могут переходить в газообразное состояние. И наоборот, при низких температурах газообразные вещества превращаются в жидкие и твёрдые вещества.

Переход вещества из твёрдого состояния в жидкое называется плавлением. Температуру, при которой вещество плавится, называют температурой плавления вещества. Например, алюминий плавится при температуре 660 °C, а температура плавления железа — 1539 °C. Переход вещества из жидкого состояния в твёрдое называют отвердеванием, или кристаллизацией. Вещества отвердевают при той же температуре, при которой они плавятся. Переход вещества из жидкого состояния в газообразное называется парообразованием. Явление превращения пара в жидкость называется конденсацией.

Переход вещества из одного агрегатного состояния в другое широко используют в практике. Например, в металлургии плавление металлов используется при получении сплавов. Пар, полученный из воды при её нагревании, используют на электростанциях.

Слушайте вопросы и отвечайте на них.

ЗАДАНИЕ 2

Инструкция к выполнению задания 2

Время выполнения задания — до 25 минут (подготовка — 15 минут, ответ — до 10 минут).

При подготовке задания можно пользоваться словарём.

Вам нужно прочитать текст и план к тексту, а затем передать содержание текста в полном соответствии с планом.

Ваше монологическое высказывание должно содержать не менее 15 фраз.

Задание 2. **Прочитайте текст и его план. Передайте содержание текста в полном соответствии с планом.**

ВНУТРЕННЯЯ ЭНЕРГИЯ

В физике изучают механические, тепловые, световые, электрические и другие явления. Известно, что существует два вида механической энергии: потенциальная и кинетическая.

Потенциальной энергией обладают тела, которые взаимодействуют друг с другом. Потенциальная энергия определяется положением взаимодействующих тел. Например, потенциальной энергией обладает любое тело, поднятое над Землёй.

Всякое движущееся тело обладает кинетической энергией. Кинетическая энергия зависит от массы движущегося тела и от скорости его движения.

Потенциальная и кинетическая энергия — это два вида механической энергии тела, которые могут превращаться друг в друга.

Кроме механической энергии, существует ещё один вид энергии — это внутренняя энергия тела. Внутреннюю энергию тела составляют кинетическая энергия всех молекул, из которых состоит тело, и потенциальная энергия их взаимодействия.

Внутренняя энергия зависит от температуры тела, агрегатного состояния вещества и других факторов. Внутренняя энергия тела не является постоянной величиной: у одного и того же тела она может изменяться. При повышении температуры внутренняя энергия тела увеличивается, так как увеличивается средняя скорость движения молекул, а значит, увеличивается кинетическая энергия молекул этого тела. С понижением температуры внутренняя энергия тела уменьшается. Таким образом, внутренняя энергия тела изменяется при изменении скорости движения молекул.

Внутренняя энергия изменяется при переходе тела из одного состояния в другое, так как в этом случае изменяется взаимное расположение частиц, а значит, их потенциальная энергия.

Кинетическая энергия и потенциальная энергия одной молекулы — очень малые величины. Однако внутренняя энергия тела достаточно велика, так как она равна сумме энергий всех молекул, из которых состоит тело.

Внутренняя энергия тела не зависит от механического движения тела и от положения тела относительно других тел.

Внутренняя энергия, как любой вид энергии, может передаваться от одного тела к другому и от одной части тела к другой. Явление передачи внутренней энергии от одной части тела к другой или от одного тела к другому телу при их непосредственном контакте называется теплопроводностью. Теплопроводность у различных веществ различна. Хорошей теплопроводностью обладают металлы. Высокую теплопроводность имеют золото, серебро, медь, алюминий. Малой теплопроводностью обладают стекло, пластмасса, древесина.

Теплопроводность жидкостей невелика. Это объясняется тем, что в жидкостях молекулы расположены на бóльших расстояниях друг от друга, чем в твёрдых телах. Газы обладают меньшей теплопроводностью, чем твёрдые тела и жидкости. Это связано с тем, что расстояние между молекулами в газах больше, чем у жидкостей и твёрдых тел.

Различная теплопроводность веществ определяет их использование в быту, в технике и в промышленности.

ПЛАН

1. Виды механической энергии.
2. Потенциальная энергия тела.
3. Кинетическая энергия тела.
4. Внутренняя энергия тела.
5. Зависимость внутренней энергии от различных факторов.
6. Теплопроводность веществ.
7. Использование свойства теплопроводности.

Передайте содержание текста в полном соответствии с планом.

ЗАДАНИЕ 3

Инструкция к выполнению задания 3

Время выполнения задания — до 10 минут (подготовка — 5 минут, ответ — до 5 минут).

При подготовке задания можно пользоваться словарём.

Вам нужно прочитать текст и сформулировать 5 вопросов к тексту.

Задание 3. **Прочитайте текст.**

АЛЮМИНИЙ

Алюминий представляет собой серебристо-белый лёгкий металл. Температура плавления алюминия +660 °С. Алюминий обладает хорошей электропроводностью и теплопроводностью.

Алюминий является активным металлом. Алюминий реагирует со многими простыми веществами, неметаллами. При обычной температуре алюминий взаимодействует с галогенами (хлором, бромом, йодом). При нагревании алюминий вступает в реакцию с серой, азотом, фосфором и углеродом.

Алюминий встречается в природе только в виде соединений.

Алюминий широко используется в машиностроении, в электротехнике, в химической промышленности.

Сформулируйте 5 вопросов к тексту.

ЗАДАНИЕ 4

Инструкция к выполнению задания 4

Время выполнения задания — до 5 минут.

Задание выполняется без предварительной подготовки. Вам нужно построить монологическое высказывание на основе прослушанной информации (количество единиц информации — 1). Пользоваться словарём нельзя.

Вы слушаете высказывание (реплику) экзаменатора (2 раза) и выражаете согласие/несогласие по данной проблеме, аргументируя свою точку зрения. Ваш ответ должен содержать не менее 5 фраз.

Задание 4. **Прослушайте информацию собеседника. Согласитесь или не согласитесь с этой информацией. Аргументируйте свой ответ.**

МЕТОДИЧЕСКИЕ РЕКОМЕНДАЦИИ

Субтест 1. ЛЕКСИКА. ГРАММАТИКА

1.1. Цель теста

Цель теста — проверка уровня сформированности языковой компетенции в учебно-профессиональной сфере общения в соответствии с Требованиями к Первому сертификационному уровню владения русским языком как иностранным. Общее владение. Профессиональный модуль / Н.П. Андрюшина и др. – СПб.: Златоуст, 2011.

В процессе тестирования проверяются умения:

1) различать значения лексических единиц и использовать их в заданном контексте (задания 1–13);

2) употреблять предложно-падежные формы имён в контексте высказывания (задания 14–65);

3) использовать полные и краткие пассивные причастия в контексте высказывания (задания 66–75);

4) соотносить придаточные части сложноподчинённых предложений с причастными оборотами (задания 76–91);

5) употреблять предложно-падежные формы имён и формы глаголов в связном тексте (задания 92–100).

1.2. Структура и содержание теста

Тест состоит из 4 частей, включающих 100 заданий с множественным выбором, а также инструкции к его выполнению и рабочей матрицы.

Часть 1 содержит задания, направленные на проверку понимания значений лексических единиц, актуальных для учебно-профессиональной сферы общения (задания 1–13).

Часть 2 проверяет знание предложно-падежной системы (задания 14–65).

Часть 3 предлагает задания на проверку употребления форм причастий и соотнесения причастных оборотов с придаточной частью сложноподчинённых предложений (задания 66–91).

Часть 4 проверяет умение использовать предложно-падежные формы имён и формы глаголов в связном тексте (задания 92–100).

Характеристика презентируемого материала. Предъявляемые в тесте задания строятся на базе лексического минимума, объём которого определяется упомянутыми выше «Требованиями» (с. 48–53). Определение уровня владения лексико-грамматическим материалом осуществляется на функциональной и синтаксической основе.

В тесте используются задания с множественным выбором. Для одного задания 2–4 варианта выбора.

1.3. Процедура проведения теста

Время выполнения теста: 60 минут.

Количество заданий: 100.

При выполнении теста пользоваться словарём нельзя.

Время выполнения теста не включает время, необходимое для ознакомления с заданиями и инструкциями к их выполнению.

После ознакомления с инструкцией к выполнению теста разрешается задавать вопросы по процедуре проведения теста (не более 5 минут), после чего выдаются тест, задания к нему, инструкции к выполнению заданий и матрица.

Начало и окончание работы регулируются экзаменатором в соответствии с установленным временем.

Форма предъявления материала. Предъявляются тест, инструкция и рабочая матрица. Выбор правильного результата отмечается только в матрице.

1.4. Обработка результатов тестирования

Обработка и оценка результатов тестирования производятся при помощи контрольной матрицы, которая накладывается на рабочую матрицу, заполненную тестируемым. В контрольной матрице:

— указано общее максимальное количество баллов за тест;

— на месте правильных вариантов выбора нужно сделать прорези.

Количество баллов, полученных тестируемым, заносится в итоговую таблицу.

Итоговая таблица к субтесту «Лексика. Грамматика»

№ задания	**Максимальное количество баллов**	**Количество баллов, полученных тестируемым**
1–13	13	
14–65	52	
66–91	26	
92–100	9	

Каждое правильно выполненное задание оценивается в 1 балл.

Таким образом, весь тест оценивается в 100 баллов.

При оценке результатов тестирования выделяется 2 уровня:

• **удовлетворительный** — не менее 66 % стоимости субтеста (не менее 66 баллов);

• **неудовлетворительный** — менее 66 % стоимости субтеста (менее 66 баллов).

Субтест 2. ЧТЕНИЕ

2.1. Цель теста

Цель теста — проверка уровня сформированности речевых навыков и умений изучающего чтения на материале учебно-научных текстов по профилю будущей специальности.

В процессе тестирования проверяется сформированность речевых умений тестируемого при решении определённых когнитивно-коммуникативных задач:

а) умение полно, точно и глубоко понять содержание прочитанного текста (задания 1–10);

б) умение адекватно понять информацию и тему микротекстов (задания 11–15);

в) умение понять основное содержание прочитанного текста и логические связи между смысловыми частями текста (задания 16–20);

г) владение языковым и речевым материалом, необходимым для адекватного восприятия содержания печатного учебно-научного текста.

2.2. Структура и содержание теста

Тест состоит из 3 частей, включающих 20 заданий, инструкции к их выполнению и матрицы.

Часть 1. Задания 1–10 проверяют умение полно, точно и глубоко понять содержание прочитанного учебно-научного текста.

Часть 2. Задания 11–15 проверяют:

— умение адекватно понять информацию и тему микротекстов;

— умение соотнести содержание микротекста с названием текста.

Часть 3. Задания 16–20 проверяют умение понять логику изложения информации учебно-научного текста.

Характеристика презентируемого материала. В **части 1** предъявляется учебно-научный текст, задания к нему и рабочая матрица. Тематика текста актуальна для учебно-профессиональной сферы общения.

Объём текста — 400–500 слов.

Количество незнакомых слов — до 5 % (20–25 слов).

В **части 2** предъявляются микротексты, относящиеся к учебно-профессиональной сфере, задания к ним и рабочая матрица.

Объём микротекстов: до 300 слов.

Количество незнакомых слов — до 5 % (15 слов).

В **части 3** предъявляется учебно-научный текст, задания к нему и рабочая матрица.

Объём текста: до 200 слов.

Количество незнакомых слов — до 5 % (10 слов).

2.3. Процедура проведения теста

Время проведения теста: 55 мин.

Время выполнения теста не включает время, необходимое для ознакомления с заданиями и инструкциями к их выполнению.

После ознакомления с инструкцией к выполнению теста разрешается задавать вопросы по процедуре проведения теста (не более 5 минут), после чего выдаются тест, инструкция к выполнению заданий и рабочая матрица.

Форма предъявления материала. Тестируемому предъявляется тест, инструкция и рабочая матрица. Выбор правильного ответа фиксируется только в матрице.

2.4. Обработка результатов тестирования

Обработка и оценка результатов тестирования производятся при помощи контрольной матрицы, которая накладывается на рабочую матрицу, заполненную тестируемым.

В контрольной матрице:

— указано общее максимальное количество баллов за тест;

— на месте правильных вариантов выбора нужно сделать прорези.

Для данного субтеста вводится коэффициент трудности. Каждое правильно выполненное задание оценивается в 5 баллов. В случае отсутствия правильного ответа в матрице тестируемого делается пометка красного цвета (V).

Количество баллов, полученных тестируемым, заносится в итоговую таблицу.

Итоговая таблица по субтесту «Чтение»

№ задания	**Максимальное количество баллов**	**Количество баллов, полученных тестируемым**
1–10	50	
11–15	25	
16–20	25	
Итого:	100	

Таким образом, весь тест оценивается в 100 баллов.

При оценке результатов тестирования выделяется 2 уровня:

• **удовлетворительный** — не менее 66 % стоимости субтеста (не менее 66 баллов);

• **неудовлетворительный** — менее 66 % стоимости субтеста (менее 66 баллов).

Субтест 3. АУДИРОВАНИЕ

3.1. Цель теста

Цель теста — проверка уровня сформированности навыков и умений, необходимых для понимания аудитивно представленной информации, актуальной для учебно-профессиональной сферы общения.

В процессе тестирования проверяется:

1) умение тестируемого адекватно воспринимать на слух предлагаемую информацию, необходимую для решения определённых когнитивно-коммуникативных задач:

— понять информацию звучащего учебно-научного текста;

— понять тему и основное содержание прослушанного фрагмента учебной лекции;

2) владение языковым и речевым материалом, актуальным для учебно-профессиональной сферы общения.

3.2. Структура и содержание теста

Тест включает 3 текста, 15 заданий, инструкции к их выполнению и матрицы.

Задания 1–15 проверяют сформированность умений:

— адекватно воспринимать на слух информацию учебно-научного текста;

— определить тему и основное содержание аудиотекста;

— анализировать содержание текста в соответствии с предложенным коммуникативным заданием.

Характеристика презентируемого материала. Предъявляются 2 аудиотекста и фрагмент учебной лекции, а также тестовые задания (3 варианта выбора для одного задания) в звучащей и печатной форме и рабочая матрица.

Объём текстов: до 600 слов.

Темп речи: 120–180 слогов в минуту.

Количество предъявлений: 2.

Время звучания:

текст 1 — 3 минуты;

текст 2 — 4 минуты;

текст 3 — 5 минут.

3.3. Процедура проведения теста

Время выполнения теста: 35 минут.

Количество заданий: 15.

При выполнении теста пользоваться словарём не разрешается.

Время выполнения теста не включает время, необходимое для ознакомления с заданиями и инструкциями к их выполнению.

Перед выполнением каждого блока заданий даётся время (1–2 минуты) для ознакомления с заданиями и инструкцией, после чего разрешается задавать вопросы по форме выполнения заданий.

Начало и окончание работы над каждым блоком заданий регулируются экзаменаторам путём включения/выключения аудиозаписи в соответствии с установленным временем.

Форма предъявления материала. Предъявляется инструкция, тест в звучащей форме, задания в форме множественного выбора и матрица.

3.4. Обработка результатов тестирования

Обработка и оценка результатов тестирования производятся при помощи контрольной матрицы, которая накладывается на рабочую матрицу, заполненную тестируемым.

На контрольной матрице:

— указано общее максимальное количество баллов за тест;

— на месте правильных вариантов выбора нужно сделать прорези.

Для данного субтеста вводится коэффициент трудности. Каждое правильно выполненное задание оценивается в 7 баллов.

Количество баллов, полученных тестируемым, заносится в итоговую таблицу.

Итоговая таблица по субтесту «Аудирование»

№ задания	Максимальное количество баллов	Количество баллов, полученных тестируемым
1–3	21	
4–9	42	
10–15	42	
Итого:	105	

Таким образом, весь тест оценивается в 105 баллов.

При оценке результатов тестирования выделяется 2 уровня:

• **удовлетворительный** — не менее 66 % стоимости субтеста (не менее 70 баллов);

• **неудовлетворительный** — менее 66 % стоимости субтеста (менее 70 баллов).

3.5. Звучащие материалы к субтесту 3

Задания 1–3. **Прослушайте текст 1 — фрагмент учебной лекции и выполните задания к нему.**

ПРОЦЕССЫ И ЯВЛЕНИЯ

В окружающем нас мире происходит множество различных явлений и процессов. Процессы происходят в живых организмах, в веществах, в атомах, в элементарных частицах. Движение Земли вокруг Солнца, превращение воды в пар или в лёд, образование новых веществ — всё это примеры различных явлений или процессов. Любое изменение, которое происходит в природе, называется явлением или процессом. Вы знаете, что явления бывают физические и химические.

При физических явлениях изменяется положения тела, его форма или объём, изменяется агрегатное состояние вещества. При физических явлениях новые вещества не образуются. Например, плавление твёрдого тела, падение тел на Землю — это физические явления.

При химических явлениях изменяется состав вещества и происходит образование новых веществ. Например, реакция водорода с кислородом — это химическое явление. В результате реакции водорода с кислородом образуется новое вещество. В данном случае это вода.

Таким образом, в природе происходит множество различных физических и химических процессов.

Задания 4–9. **Прослушайте текст 2 — фрагмент учебной лекции и выполните задания к нему.**

ДВИЖЕНИЕ

В природе все тела находятся в движении. Движение тела рассматривается относительно другого тела, которое считается неподвижным.

Самый простой вид движения — это механическое движение. Механика — это часть физики, которая изучает механическое движение.

Кинематика, динамика и статика — это разделы механики. Кинематика объясняет, как движется тело. Динамика изучает причины движения тела. Статика изучает тела, которые находятся в покое.

Движение тел может быть прямолинейным и криволинейным. Если траектория движения тела — прямая линия, то это прямолинейное движение. Если тело движется по кривой линии, то это криволинейное движение.

Движение тел может быть равномерным и неравномерным. При равномерном движении скорость тела не изменяется. При неравномерном движении скорость тела увеличивается или уменьшается.

Изменение движения тела происходит под действием других тел. Если на тело не действуют другие тела, то оно сохраняет состояние движения или состояние покоя.

Законы движения открыты английским учёным Исааком Ньютоном. На законах движения, открытых Ньютоном, основана классическая механика, которая является наукой о движении тел.

***Задания 10–15.* Прослушайте текст 3 — фрагмент учебной лекции и выполните задания к нему.**

ФИЗИЧЕСКИЕ СВОЙСТВА МЕТАЛЛОВ

Вы знаете, что в настоящее время известно 107 химических элементов. Если вы посмотрите на периодическую таблицу химических элементов Д.И. Менделеева, вы увидите, что действительно в ней указано 107 химических элементов.

Все химические элементы делятся на металлы и неметаллы. Металлы составляют приблизительно 80 % от общего числа химических элементов, а неметаллы — только 20 %. Физические свойства металлов разнообразны.

Важным физическим свойством металлов является электропроводность. Электропроводностью называется свойство вещества проводить электрический ток. Большинство металлов хорошо проводят электрический ток. Лучшими проводниками электрического тока являются серебро, медь, золото, алюминий, железо. Плохо проводят электрический ток свинец и ртуть. Электропроводность металлов зависит от температуры. При повышении температуры электропроводность металлов уменьшается, а при понижении температуры — увеличивается. В отличие от металлов, многие неметаллы вообще не проводят электрический ток, то есть являются диэлектриками. Кроме того, металлы характеризуются высокой теплопроводностью, то есть металлы хорошо проводят тепло.

Что представляют собой металлы по своему агрегатному состоянию? При нормальных условиях все металлы, кроме ртути, являются твёрдыми веществами. Единственным исключением является ртуть. При обычных условиях ртуть является жидким веществом.

Есть ещё одно свойство, которое характерно для металлов и которое отличает металлы от неметаллов, — это пластичность. Что это значит? Это значит, что металлы могут подвергаться деформации. Что такое деформация? Деформация — это процесс, при котором металлы могут изменять форму без изменения их структуры.

Итак, наиболее важные физические свойства, которые отличают металлы от неметаллов, — электропроводность, теплопроводность и пластичность.

Как известно, металлы в твёрдом состоянии имеют кристаллическое строение. Частицы в кристаллах располагаются в определённом порядке и образуют кристаллическую решётку. В узлах кристаллической решётки металла расположены положительные ионы, а в пространстве между ними движутся свободные электроны. Свободные электроны обусловливают физические свойства металлов, о которых мы говорили в начале лекции, — высокую электропроводность и теплопроводность.

Итак, можно сделать вывод, что все металлы обладают общими физическими свойствами, но каждый из металлов характеризуется также и своими специфическими свойствами.

Субтест 4. ПИСЬМО

4.1. Цель теста

Цель теста — проверка уровня сформированности речевых навыков и умений, необходимых для фиксации в письменной форме полученной информации в соответствии с коммуникативной установкой.

В процессе тестирования проверяются:

1) адекватность речевого поведения тестируемого при решении определённых коммуникативных задач:

— составление письменного высказывания репродуктивно-продуктивного характера на основе прочитанного или прослушанного текста;

— составление плана прочитанного текста;

— запись предложенной информации (определение понятий, микротекст), используя принятые способы сокращения слов и символику;

— восстановление предложенного микротекста с использованием сокращённой записи слов и символики;

— оформление письменных высказываний в соответствии с нормами современного русского языка.

2) владение языковым и речевым материалом в соответствии с Требованиями к Первому сертификационному уровню владения русским языком как иностранным, общее владение, профессиональный модуль / Н.П. Андрюшина и др. — СПб.: Златоуст, 2011.

4.2. Структура и содержание теста

Тест состоит из 4 заданий и инструкции к его выполнению.

В задании 1 проверяются репродуктивно-продуктивные умения письменно ответить на вопросы по содержанию прочитанного учебно-научного текста.

Характеристика презентируемого материала. Предъявляется печатный учебно-научный текст смешанного типа. Тематика текста актуальна для учебно-профессиональной сферы общения.

Объём текста — до 400 слов.

Количество незнакомых слов — до 5 % (20 слов).

В задании 2 проверяется умение составлять план прочитанного учебно-научного текста.

Характеристика презентируемого материала. Предъявляется печатный учебно-научный текст смешанного типа.

Объём текста — до 400 слов.

Количество незнакомых слов — до 5 % (20 слов).

Примерный план к тексту «Кальций»

1. Положение кальция в периодической системе химических элементов Д.И. Менделеева.
2. Нахождение кальция в природе.
3. Получение кальция.
4. Физические свойства кальция.
5. Химические свойства кальция.
6. Соединение кальция.
7. Применение кальция в промышленности.

В задании 3 проверяется умение записывать понятие, основное содержание прочитанного микротекста, используя принятые способы сокращения слов и символику.

Характеристика презентируемого материала. Предъявляются определения понятий, микротексты, ключевые фрагменты учебно-научного текста.

В задании 4 проверяется умение восстановить микротекст по ключевым фрагментам, предъявленным с использованием сокращённой записи слов и символики.

Характеристика презентируемого материала. Предъявляется микротекст, фрагмент текста с использованием сокращённой записи слов и символики.

4.3. Процедура проведения теста

Время выполнения теста — 60 минут.

Время выполнения каждого отдельного задания не регламентируется.

При выполнении заданий теста тестируемый может пользоваться словарём.

Тексты и материалы заданий остаются у тестируемого до окончания работы. Тестируемый может возвращаться к выполненным заданиям и вносить в них изменения в течение всего времени, отведённого на тест.

Форма выполнения заданий

Задание 1 — письменные ответы на вопросы по содержанию прочитанного текста.

Задание 2 — план прочитанного текста в письменной форме. План может быть составлен в виде назывных или вопросительных предложений.

Задание 3 — определения понятий, микротексты, ключевые фрагменты текста с использованием сокращённой записи слов и символики.

Задание 4 — микротекст, фрагмент текста, восстановленный и записанный без сокращений.

4.4. Обработка результатов тестирования

Обработка и оценка результатов тестирования, когда контроль осуществляется на основе заданий со свободно конструируемыми ответами, проводится на основе экспертной оценки письменных работ тестируемых. При оценке результатов вводятся коэффициенты трудности, отражающие сложность решения поставленной коммуникативной задачи. Экзаменатор проверяет письменные работы тестируемых и заполняет контрольные листы экспертной оценки.

При оценке уровня владения навыками и умениями репродуктивно-продуктивной письменной речи учитываются следующие показатели:

1) адекватность выполнения письменного задания цели, сформулированной в задании;

2) соответствие письменного высказывания тестируемого информации из текста-источника;

3) связность построения письменной речи тестируемого;

4) владение языковым и речевым материалом, лексико-грамматическая правильность речи;

5) точное выполнение предложенного задания без дословного списывания фрагментов текста;

6) владение правилами сокращённой записи и знание принятой символики.

Имя, фамилия ______________________________________

Страна ____________________ Дата ____________________

Контрольный лист экспертной оценки к заданию 1 (максимальная стоимость — 56 баллов)

Критерии оценки	Позиция							
	1	2	3	4	5	6	7	8
1. Адекватность решения коммуникативной задачи								
2. Полнота ответа на вопрос (–2 балла за неполный ответ на вопрос)								
3. Коммуникативно значимые ошибки (–2 балла за каждую)								
4. Коммуникативно незначимые ошибки (–0,5 балла за каждую)								
Итого:								

Поощрительные баллы (плюс-баллы) за выполнение задания 1:

5. Элементы самостоятельности в использовании языковых средств (до +3 баллов).								
Итого:								
Общая оценка по заданию 1:								

Примечание к контрольному листу экспертной оценки по заданию 1:

1. При неадекватности решения основной коммуникативной задачи ответ не оценивается (снимается стоимость одной позиции — 4 балла). При частичной неадекватности (неполнота ответа) снимается 50 % стоимости задания.

2. Под коммуникативно значимой ошибкой понимаются лексико-грамматические, фонематические ошибки или ошибки интонационного характера, влияющие на решение коммуникативной задачи.

3. Ошибки, связанные с использованием языкового материала, выходящего за рамки «Требований...», не учитываются.

Имя, фамилия ____

Страна ___________________________ Дата ______________________________

Контрольный лист экспертной оценки к заданию 2
(максимальная стоимость — 24 балла)

Критерии оценки	Балл
1. Адекватность созданного тестируемым плана к тексту цели, поставленной в задании	
2. Соответствие плана требуемому объёму (–2 балла за пропуск информационной единицы)	
3. Логичность построения (–2 балла за каждое нарушение)	
4. Коммуникативно значимые ошибки (–2 балла за каждую)	
5. Коммуникативно незначимые ошибки (–0,5 балла за каждую)	
Итого:	

Поощрительные баллы (плюс-баллы) за выполнение задания 2:

6. Полнота и развёрнутость плана (до +3 баллов)	
7. Элементы самостоятельности в использовании языковых средств (до +3 баллов)	
Итого:	
Общая оценка по заданию 2:	

Примечание к контрольному листу экспертной оценки по заданию 2:

1. При неадекватности решения основной коммуникативной задачи ответ не оценивается (снимается стоимость одной позиции — 4 балла). При частичной неадекватности (неполнота ответа) снимается 50 % стоимости задания.

2. Под коммуникативно значимой ошибкой понимаются лексико-грамматические, фонематические ошибки или ошибки интаниционного характера, влияющие на решение коммуникативной задачи.

3. Ошибки, связанные с использованием языкового материала, выходящего за рамки «Требований…», не учитываются.

Имя, фамилия ____________________

Страна ____________________ Дата ____________________

Контрольный лист экспертной оценки к заданию 3
(общая стоимость — 10 баллов)

Критерии оценки	Позиции				
	1	2	3	4	5
1. Адекватность решения коммуникативной задачи					
2. Коммуникативно значимая ошибка (–1 балл за каждую)					
3. Коммуникативно незначимая лексико-грамматическая ошибка (–0,5 балла за каждую)					
Итого:					

Примечание:

Тестируемый получает:

• **2** балла за позицию при корректном выполнении задания (произведены все возможные сокращения слов с использованием принятых правил сокращения слов и символики).

• **1** балл за позицию при частичном выполнении задания (произведены не все возможные сокращения слов; сокращения слов выполнены правильно).

• **0** баллов за позиции при невыполнении задания или если правила сокращённой записи нарушены более чем в 50 % слов.

Имя, фамилия ____

Страна ____________________________ Дата ____________________________

Контрольный лист экспертной оценки к заданию 4 (общая стоимость — 10 баллов)

Критерии оценки	Балл
1. Адекватность решения коммуникативного задания	
2. Коммуникативно значимые ошибки (допущена ошибка в выборе лексической единицы) (–1 балл за каждую)	
3. Коммуникативно незначимые грамматические ошибки (–0,5 балла за каждую)	
Итого:	

Примечания к контрольным листам экспертной оценки по заданиям 1, 2

1. При неадекватности решения основной коммуникативной задачи ответ не оценивается (снимается стоимость задания: 56 баллов (задание 1); 24 балла (задание 2)). При несоблюдении тестируемым параметров, указанных в пунктах 2 (задание 1) и 2, 3 (задание 2) контрольного листа экспертной оценки (частичная неадекватность), из общей стоимости задания вычитается соответствующее количество баллов.

2. Под коммуникативно значимой ошибкой понимаются лексико-грамматические и стилистические ошибки, влияющие на решение коммуникативной задачи.

3. Ошибки, связанные с использованием языкового материала, выходящего за рамки данного уровня, не учитываются.

4. Если общее количество ошибок, допущенных при выполнении задания, превышает 17 баллов (задание 1) и 8 баллов (задание 2), задание не засчитывается.

5. Общая оценка каждого задания, включая поощрительные баллы, не должна превышать стоимость задания.

Весь субтест по письму оценивается в 100 баллов.

При оценке результатов тестирования по письму выделяется 2 уровня:

• **удовлетворительный** — не менее 66 % стоимости субтеста (не менее 66 баллов);

• **неудовлетворительный** — менее 66 % стоимости субтеста (менее 66 баллов).

Всего за тест _______ баллов. Тест выполнен на _______%.
Подписи ____________________________________

Субтест 5. ГОВОРЕНИЕ

5.1. Цель теста

Цель теста — проверка уровня сформированности речевых навыков и умений, необходимых для учебно-профессиональной сферы общения.

В процессе тестирования проверяются умения:

— в монологической речи:

— передавать содержание учебно-научного текста с опорой на план;

— использовать изученный языковой и речевой материал при построении высказывания репродуктивно-продуктивного характера;

— оформлять собственное речевое высказывание в соответствии с нормами современного русского языка;

— в диалогической речи:

— понять собеседника и определить характер коммуникативного задания;

— воспринять на слух информацию вопросов по содержанию прочитанного учебно-научного текста;

— отвечать на вопросы по содержанию прочитанного учебно-научного текста с достаточной полнотой и точностью;

— формулировать вопросы по содержанию прочитанного учебно-научного текста;

— адекватно реагировать на предложенное высказывание, выразить согласие/несогласие, аргументировать свой ответ;

— использовать изученный языковой и речевой материал при построении высказывания репродуктивно-продуктивного характера;

— оформлять собственное речевое высказывание в соответствии с нормами современного русского языка.

5.2. Структура и содержание теста

Тест состоит из четырёх заданий и инструкции к их выполнению.

Задание 1 — проверка уровня сформированности навыков и умений диалогической речи на основе прочитанного учебно-научного текста.

Задание 2 — проверка уровня сформированности навыков и умений монологической речи на основе прочитанного учебно-научного текста.

Задание 3 — проверка уровня сформированности умения формулировать вопросы по содержанию прочитанного учебно-научного текста.

Задание 4 — проверка уровня сформированности навыков и умений диалогической речи с аргументацией собственного высказывания.

В задании 1 проверяется умение воспринять на слух вопросы по содержанию прочитанного учебно-научного текста и ответить на них с достаточной полнотой и точностью.

Форма предъявления и характеристика презентируемого материала. Предъявляется учебно-научный текст в письменной форме. В задании могут использоваться тексты различной формально-смысловой структуры (описание, сообщение, повествование, а также тексты смешанного типа).

Объём текста — 300–350 слов.

Количество незнакомых слов — до 5 % (15 слов).

Время чтения — 10 минут.

Время выполнения задания — 10 минут.

Форма выполнения задания. Тестируемый отвечает на вопросы с опорой на текст. Вопросы предъявляются в устной форме.

В задании 2 проверяется умение построить монологическое высказывание репродуктивного характера на основе прочитанного учебно-научного текста с опорой на предложенный план.

Форма предъявления и характеристика презентируемого материала. Предъявляются текст в письменной форме и план текста, на который тестируемый ориентируется при построении монолога. В задании могут использоваться тексты различной формально-смысловой структуры и коммуникативной направленности (описание, сообщение, повествование, а также тексты смешанного типа).

Объём текста — 450–500 слов.

Количество незнакомых слов в тексте — до 5 % (25 слов).

Время выполнения задания — 30 минут.

Форма выполнения задания. Устное монологическое высказывание на основе прочитанного учебно-научного текста с опорой на предложенный план. Сообщение записывается на аудионоситель.

В задании 3 проверяется умение формулировать вопросы по содержанию прочитанного учебно-научного текста.

Форма предъявления и характеристика презентируемого материала. Предъявляется текст в письменной форме. В задании могут использоваться тексты различной формально-смысловой структуры и коммуникативной направленности (описание, сообщение, повествование, а также тексты смешанного типа).

Объём текста — 60–70 слов.

Количество незнакомых слов в тексте — до 5% (до 4 слов).

Время выполнения — 10 минут.

Форма выполнения задания. Вопросы в устной форме на основе прочитанного учебно-научного текста. Сообщение записывается на аудионоситель.

В задании 4 проверяется умение построить монологическое высказывание продуктивного характера на основе информации, предъявленной в устной форме, выразить своё согласие/несогласие, аргументировать свою точку зрения.

Форма предъявления и характеристика презентируемого материала. Предъявляется информация в устной форме (микротекст, высказывание), которая коммуникативно ориентирует тестируемого при построении собственного высказывания.

Количество предлагаемых высказываний (микротекстов) — 1.

Количество незнакомых слов — 1 слово.

Количество предъявлений — 2.

Время выполнения заданий — 5 минут.

Форма выполнения задания. Тестируемый слушает высказывание (микротекст) и продуцирует высказывание, которое записывается на аудионоситель.

Имя, фамилия ____

Страна ______________________ Дата ______________________

Контрольный лист экспертной оценки к заданию 1
(общая стоимость — 40 баллов)

Критерии оценки	Позиции									
	1	2	3	4	5	6	7	8	9	10
1. Адекватность решения коммуникативной задачи										
2. Полнота ответа на вопрос (–2 балла за неполный ответа)										
3. Коммуникативно значимая ошибка (–1 балл за каждую)										
4. Коммуникативно незначимая лексико-грамматическая ошибка (–0,5 за каждую)										
5. Грубые нарушения фонетического оформления речи										
Итого:										

Поощрительные баллы (плюс-баллы) за выполнение заданий 1, 2:

6. Развёрнутость высказывания (+ 1 балл)	
Итого:	
Общая оценка по заданиям 1, 2:	

Примечание к контрольному листу экспертной оценки по заданию 1:

1. При неадекватности решения основной коммуникативной задачи ответ не оценивается (снимается стоимость одной позиции — 4 балла). При частичной неадекватности (неполнота ответа) снимается 50 % стоимости задания.

2. Под коммуникативно значимой ошибкой понимаются лексико-грамматические, фонематические ошибки или ошибки интонационного характера, влияющие на решение коммуникативной задачи.

3. Ошибки, связанные с использованием языкового материала, выходящего за рамки «Требований...», не учитываются.

Имя, фамилия ____

Страна ___________________________ Дата ___________________________

Контрольный лист экспертной оценки к заданию 2
(общая стоимость — 60 баллов)

Критерии оценки	Позиция						
	11	12	13	14	15	16	17
1. Адекватность воспроизведения содержания прочитанного текста							
2. Точность воспроизведения информации текста (за каждое искажение информации –2 балла)							
3. Полнота воспроизведения текста (–5 баллов за пропуск важной смысловой части)							
4. Объём высказывания (до –10 баллов за весь текст, если ответ учащегося содержит менее 20 фраз)							
5. Логичность и связность изложения (–2 балла за каждое нарушение)							
6. Коммуникативно значимые ошибки (–2 балла за каждую)							
7. Коммуникативно незначимые ошибки (–0,5 балла за каждую)							
8. Грубые нарушения фонетического оформления речи (до –2 баллов за задание)							
Итого:							

Поощрительные баллы (плюс-баллы) за выполнение задания 2:

9. Элементы самостоятельности в интерпретации содержания текста и в использовании языковых средств (до +5 баллов)*	
Итого:	
Общая оценка по заданию 2:	

Примечание к контрольному листу экспертной оценки по заданию 2:

1. Недостаточным по объёму сообщением считается сообщение, содержащее менее 15 фраз.

2. Под коммуникативно значимой ошибкой понимаются лексико-грамматические, фонематические ошибки или ошибки интонационного характера, влияющие на решение коммуникативной задачи.

3. Ошибки, связанные с использованием языкового материала, выходящего за рамки «Требований...», не учитываются.

Имя, фамилия ____

Страна ____________________________ Дата ________________________

Контрольный лист экспертной оценки к заданию 3
(общая стоимость — 25 баллов)

Критерии оценки	Позиция				
	1	2	3	4	5
1. Адекватность решения коммуникативной задачи					
2. Нарушение структуры вопросительного предложения (–1 балл за каждое нарушение)					
3. Коммуникативно значимые ошибки (–2 балла за каждую)					
4. Коммуникативно незначимые ошибки (–0,5 балла за каждую)					
5. Грубые нарушения фонетического оформления речи (до –2 баллов за задание)					
Итого:					

Примечание к контрольному листу экспертной оценки по заданию 3:

1. При неадекватности решения основной коммуникативной задачи ответ не оценивается (снимается стоимость одной позиции — 4 балла). При частичной неадекватности (неполнота ответа) снимается 50 % стоимости задания.

2. Под коммуникативно значимой ошибкой понимаются лексико-грамматические, фонематические ошибки или ошибки интонационного характера, влияющие на решение коммуникативной задачи.

3. Ошибки, связанные с использованием языкового материала, выходящие за рамки «Требований...», не учитываются.

Имя, фамилия ____

Страна ______________________ Дата ____________________

Контрольный лист экспертной оценки к заданию 4 (общая стоимость — 20 баллов)

Критерии оценки	Позиции		
	1	2	3
1. Адекватность решения коммуникативной задачи			
2. Соответствие высказывания предложенной теме (–1 балл за каждое отклонение от темы)			
3. Объём высказывания (до –5 баллов за пропуск информативно значимой позиции)			
4. Логичность и связность изложения (–2 балла за каждое нарушение)			
5. Коммуникативно значимые ошибки (–2 балла за каждую)			
6. Коммуникативно незначимые ошибки (–0,5 балла за каждую)			
7. Грубые нарушения фонетического оформления речи (до –2 баллов за задание)			
Итого:			

Поощрительные баллы (плюс-баллы) за выполнение задания 4:

8. Полнота и развёрнутость изложения (до +5 баллов)	
9. Элементы самостоятельности в раскрытии темы и в использовании языковых средств (до +5 баллов)	
Итого:	
Общая оценка по заданию 4:	

Примечание: 1. При несоответствии высказывания предложенной теме на 50 и более процентов снимается 10 баллов.

2. Отклонением от темы считается фрагмент сообщения, включающий более 3 предложений не на тему.

Примечание к контрольному листу экспертной оценки по заданию 4:

1. При неадекватности решения основной коммуникативной задачи ответ не оценивается (снимается стоимость одной позиции — 4 балла). При частичной неадекватности (неполнота ответа) снимается 50 % стоимости задания.

2. Под коммуникативно значимой ошибкой понимаются лексико-грамматические, фонематические ошибки или ошибки интонационного характера, влияющие на решение коммуникативной задачи.

3. Ошибки, связанные с использованием языкового материала, выходящие за рамки «Требований...», не учитываются.

Итоговая таблица по субтесту «Говорение»

№ задания	**Максимальное количество баллов**	**Количество баллов, полученных тестируемым**
1	40	
2	60	
3	25	
4	20	
Итого:	145	

Всего за тест _______ балл. Тест выполнен на _______%.

Подписи _____________________________________

Весь тест «Говорение» оценивается в 145 баллов.

При оценке результатов тестирования по говорению выделяется 2 уровня:

- **удовлетворительный** — не менее 66 % стоимости субтеста (не менее 96 баллов).
- **неудовлетворительный** — менее 66 % стоимости субтеста (менее 96 баллов).

Звучащие материалы к субтесту 5

Задание 1. **Прочитайте текст «Агрегатное состояние вещества». Ответьте на вопросы по содержанию текста.**

1. В каких агрегатных состояниях может находиться одно и то же вещество в зависимости от условий?

2. Какие вещества имеют определённый объём, но не имеют определённой формы?

3. От чего зависят физические свойства вещества?

4. Чем определяется агрегатное состояние вещества?

5. Что влияет на изменение агрегатного состояния вещества?

6. Что происходит с твёрдыми веществами при высоких температурах?

7. Какие процессы перехода вещества из одного состояния в другое существуют?

8. Как называется переход вещества из твёрдого состояния в жидкое?

9. Какой процесс называется отвердеванием (кристаллизацией)?

10. Где на практике используется переход вещества из одного состояния в другое?

Задание 3. **Прослушайте информацию собеседника. Согласитесь или не согласитесь с этой информацией. Аргументируйте свой ответ.**

18. В будущем машины будут так же умны, как люди.

19. К концу XXI века электронные книги полностью заменят обычные книги.

20. Люди не всегда будут жить только на Земле.

РАБОЧИЕ И КОНТРОЛЬНЫЕ МАТРИЦЫ

Настоящее издание предполагает возможность **автоматической проверки** результатов тестирования (рабочих матриц учащихся) через смартфон с помощью мобильного приложения **ZipGrade**. Бесплатная версия данного приложения позволяет сканировать до 100 тестов (100 работ) в месяц. Если ваши потребности превышают это количество, вы можете оформить подписку по ориентировочной цене 7 долларов в год с неограниченным количеством сканирований.

Язык интерфейса приложения: английский.

Язык ввода имён учащихся: по выбору преподавателя, возможен русский.

Формат предъявления вопросов: на страницах данного печатного издания или с выводом на экран, дисплей мобильного телефона и т.п., если вы пользуетесь электронным изданием (например, с сайта www.litres.ru).

Подготовка к работе:

1. Загрузите приложение себе на смартфон (есть версии и для iOS, и для Androide).

2. Заполните необходимые поля: Quizzes / New; Тесты / Новый, в карточке теста дайте ему название, выберите бланк ответов в соответствии с рабочей матрицей используемого вами теста в пособии (на 20, 50 или 100 ответов). Можно указать, для какого класса данный тест. На вкладке Edit Key / Изменить ключ отметьте правильные ответы в соответствии с контрольной матрицей или отсканируйте контрольную матрицу из пособия с помощью опции Scan for Key и сохраните её. После того как вы заполнили все поля для теста, нажмите Create Quiz / Создать тест.

3. Заполните данные в разделах Students / Ученики (можно только фамилии или псевдонимы — для использования их многократно в разных классах), Classes / Классы. В данные о классах можно включить конкретных учеников из введённого вами списка.

4. На сайте https://www.zipgrade.com/ в разделе Answer Sheets / Бланки ответов скачайте бланк ответов в соответствии с приведённой в настоящем издании рабочей матрицей, распечатайте нужное количество бланков и раздайте учащимся. Можно воспользоваться опцией Get answers sheet / Получить бланки в телефоне и получить нужный бланк на свою почту.

Проведение тестирования:

1. Учащиеся подписывают бланки печатными буквами, указывают дату тестирования, класс, название теста.

2. Учащиеся выполняют тест: прочитав или услышав вопрос, закрашивают нужный вариант ответа A, B, C, D, E (в рабочей и контрольной матрицах издания, соответственно, буквы А, Б, В, Г, Д, Е).

3. Для проверки зайдите в приложении в нужный тест и нажмите опцию Scan Papers / Сканирование документа. Наведите смартфон на первый заполненный учащимся бланк с рабочей матрицей, соединив чёрные квадратики на экране и на бланке. Важно: Смартфон определяет границы листка, и необходимо, чтобы все 4 квадрата по краям листка были неповреждёнными. Приложение считывает ответы, сразу показывает фамилию учащегося, количество и процент правильных ответов.

4. Как только вы увидели по центру окно с именем учащегося и его результаты, работа считается проверенной, сохранение данных происходит автоматически. Можно сканировать ответ следующего учащегося, просто поменяв бланк.

5. Когда вы проверите все бланки, вернитесь на страницу с тестом и перейдите во вкладку Review Papers / Проверка документов. Здесь можно увидеть результаты каждого учащегося, а также проанализировать ответ на каждый вопрос у всего класса в целом. Все результаты можно сохранить или отправить на указанную вами почту.

РАБОЧИЕ МАТРИЦЫ

Субтест 1. ЛЕКСИКА. ГРАММАТИКА

Имя	Группа	Дата

ID студента в ZipGrade

0
1
2
3
4
5
6
7
8
9

Ключ

А
Б
В
Г
Д

№	А	Б	В	Г	Д	№	А	Б	В	Г	Д
41						71					
42						72					
43						73					
44						74					
45						75					
46						76					
47						77					
48						78					
49						79					
50						80					

№	А	Б	В	Г	Д	№	А	Б	В	Г	Д	№	А	Б	В	Г	Д	№	А	Б	В	Г	Д
1						21						51						81					
2						22						52						82					
3						23						53						83					
4						24						54						84					
5						25						55						85					
6						26						56						86					
7						27						57						87					
8						28						58						88					
9						29						59						89					
10						30						60						90					

№	А	Б	В	Г	Д	№	А	Б	В	Г	Д	№	А	Б	В	Г	Д	№	А	Б	В	Г	Д
11						31						61						91					
12						32						62						92					
13						33						63						93					
14						34						64						94					
15						35						65						95					
16						36						66						96					
17						37						67						97					
18						38						68						98					
19						39						69						99					
20						40						70						100					

ZIPGRADE.COM

• Не сгибать!
• Ошибку стереть!
• Использовать ручку или карандаш!
• Закрасить кружок целиком!

Субтест 2. ЧТЕНИЕ

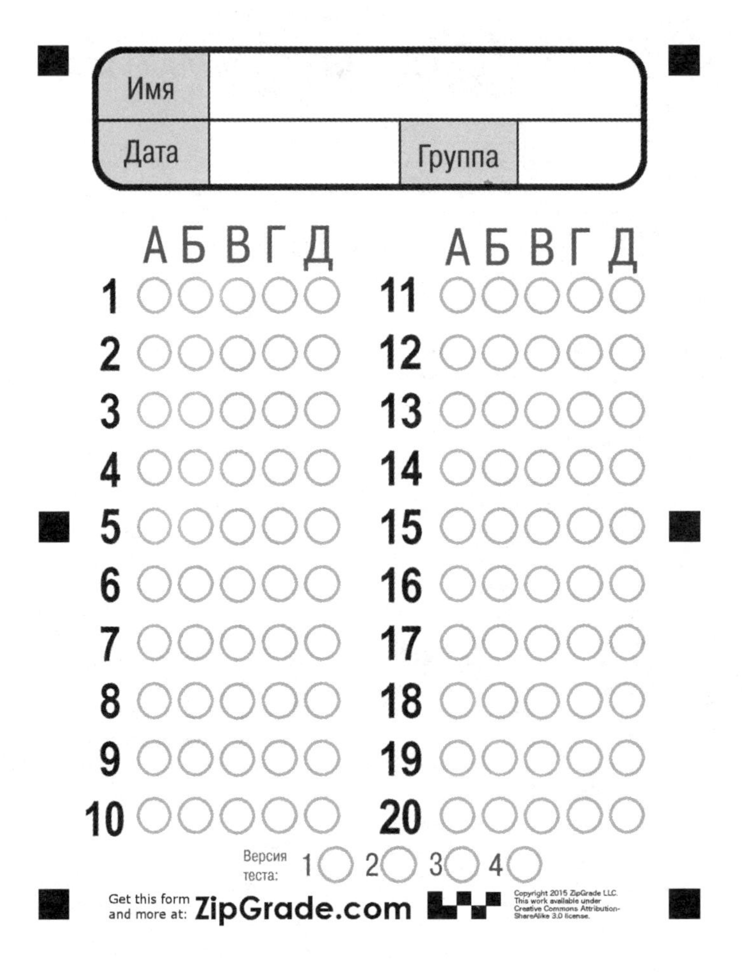

Субтест 3. АУДИРОВАНИЕ

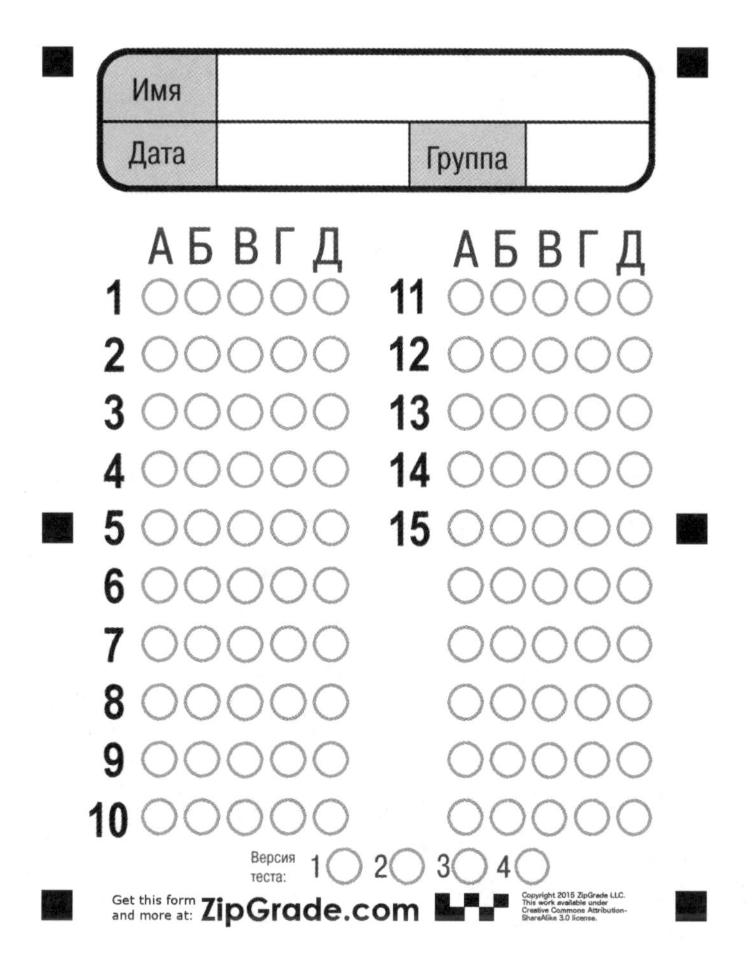

Имя

Дата | Группа

	А	Б	В	Г	Д		А	Б	В	Г	Д
1						11					
2						12					
3						13					
4						14					
5						15					
6											
7											
8											
9											
10											

Версия теста: 1 2 3 4

Get this form and more at: ZipGrade.com

КОНТРОЛЬНЫЕ МАТРИЦЫ

Субтест 1. ЛЕКСИКА. ГРАММАТИКА

ZIPGRADE.COM

Имя | Группа | Дата

ID студента в ZipGrade: 0 1 2 3 4 5 6 7 8 9

Ключ: А Б В Г Д

№	Ответ	№	Ответ	№	Ответ	№	Ответ	№	Ответ	№	Ответ	№	Ответ	№	Ответ	№	Ответ	№	Ответ
1	А	11	Г	21	А	31	Б	41	Б	51	Г	61	А	71	Б	81	В	91	Г
2	А	12	Г	22	В	32	В	42	Г	52	Б	62	В	72	Б	82	А	92	Б
3	А	13	Б	23	Б	33	Г	43	В	53	А	63	Б	73	А	83	А	93	А
4	Б	14	В	24	А	34	А	44	Б	54	Г	64	Б	74	Б	84	Б	94	Б
5	В	15	Б	25	Б	35	В	45	Б	55	А	65	Б	75	Б	85	Б	95	А
6	Г	16	А	26	В	36	В	46	В	56	А	66	Б	76	А	86	А	96	В
7	А	17	Б	27	Б	37	Г	47	А	57	Б	67	А	77	Б	87	Б	97	В
8	Б	18	А	28	А	38	Б	48	Б	58	А	68	Б	78	В	88	Г	98	В
9	Б	19	Г	29	Г	39	В	49	Г	59	Б	69	Б	79	Г	89	В	99	А
10	А	20	А	30	Г	40	А	50	Б	60	В	70	А	80	А	90	В	100	Б

• Не сгибать!
• Ошибку стереть!
• Использовать ручку или карандаш!
• Закрасить кружок целиком!

Субтест 2. ЧТЕНИЕ

Имя			
Дата		Группа	

	А	Б	В	Г	Д		А	Б	В	Г	Д
1	○	●	○	○	○	11	○	○	●	○	○
2	●	○	○	○	○	12	○	○	○	○	●
3	○	●	○	○	○	13	○	○	○	●	○
4	○	○	●	○	○	14	○	●	○	○	○
5	●	○	○	○	○	15	●	○	○	○	○
6	○	●	○	○	○	16	○	○	○	●	○
7	●	○	○	○	○	17	○	●	○	○	○
8	○	○	●	○	○	18	○	○	○	○	●
9	●	○	○	○	○	19	●	○	○	○	○
10	●	○	○	○	○	20	○	○	●	○	○

Версия теста: 1 ○ 2 ○ 3 ○ 4 ○

Get this form and more at: ZipGrade.com

Субтест 3. АУДИРОВАНИЕ

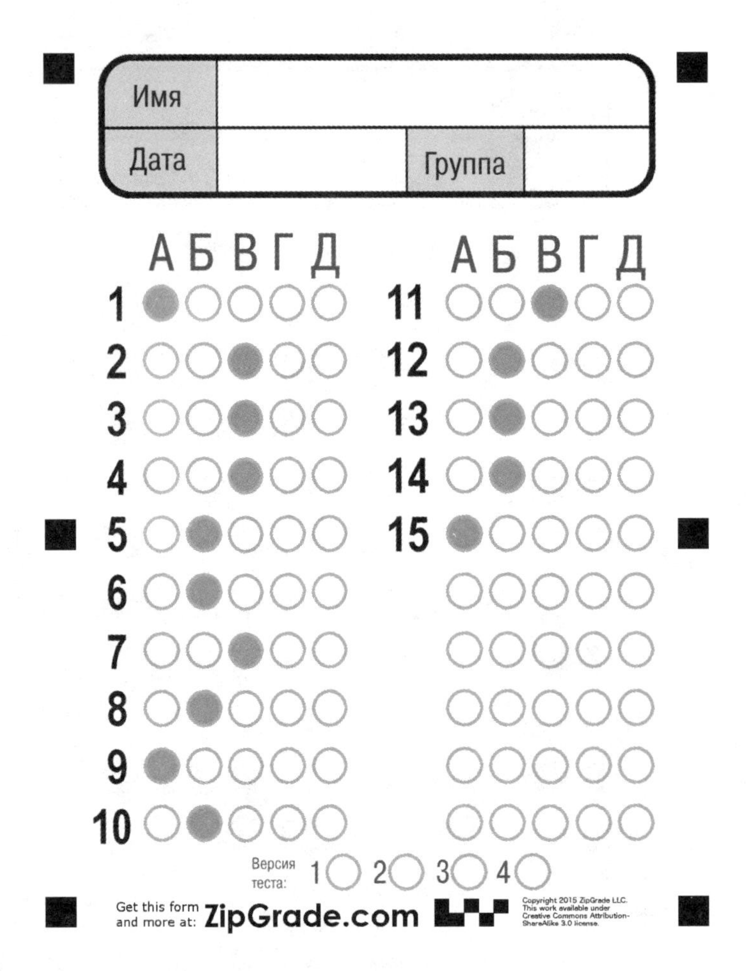

Имя	
Дата	Группа

	А	Б	В	Г	Д
1	●	○	○	○	○
2	○	○	●	○	○
3	○	○	●	○	○
4	○	○	●	○	○
5	○	●	○	○	○
6	○	●	○	○	○
7	○	○	●	○	○
8	○	●	○	○	○
9	●	○	○	○	○
10	○	●	○	○	○
11	○	○	●	○	○
12	○	●	○	○	○
13	○	●	○	○	○
14	○	●	○	○	○
15	●	○	○	○	○

Версия теста: 1 ○ 2 ○ 3 ○ 4 ○

Get this form and more at: ZipGrade.com

ДЛЯ ЗАМЕТОК